9 MAI 1868

9 MAI 1868

Lille, imp. Horemars.

DISCOURS

Prononcé à l'église Saint-Maurice, à Lille.

Mariage de mon Neveu Emile Duquesnay, et de Mademoiselle Marie Preuvost

9 Mai 1868.

Mon cher Fils et ma chère Fille,

Il n'y a qu'un instant vous étiez dans une autre enceinte et devant une autre autorité. L'homme qui est le dépositaire de cette autorité, après avoir reçu votre consentement mutuel, a prononcé quelques paroles, il a lu quelques lignes dans le livre de la loi, et tout a été dit, fini, conclu ; vous avez été mariés.

Eh ! bien, que voulez-vous de plus ? Pourquoi maintenant ici ce concours de vos deux familles ? Pourquoi cette pompe et cette solennité joyeuse? Pourquoi cette émotion qu'on ne ressentait pas tout-à-l'heure et à laquelle nul ici ne peut se soustraire? Ah! c'est que vous ne vous trouviez pas véritablement mariés par cette formalité de tout-à-l'heure, et en effet, vous ne l'êtes pas; c'est que vous sentez bien que quelque chose vous manque, que tout vous manque encore, et vous venez demander à l'autorité qui s'exerce dans ce temple d'accomplir ce que l'autre autorité, si respectable qu'elle soit, n'a pas eu le pouvoir de faire.

C'est donc au nom de Dieu, qui seul a action sur les âmes, c'est de sa part et comme son délégué que nous allons, prenant vos deux cœurs, les unir, les marier ensemble. Mais, comprenez-le bien, cette action divine en vertu de laquelle vous allez être consacrés époux n'est pas une simple cérémonie, c'est un *Sacrement*, et un sacrement que l'Apôtre appelle grand: *Sacramentum hoc magnum est.* et il en donne la raison, c'est le symbole de l'union de Jésus-Christ et de son Église; *ego autem dico in Christo et in Ecclesiâ.* Il est grand par les devoirs qu'il impose, par les conséquences qu'il entraine, par les dispositions qu'il exige, par les grâces qu'il produit, *Sacramentum hoc magnum est.*

Jusqu'ici vous n'avez eu l'un et l'autre que les doux et faciles devoirs de l'amour et du respect filial, et encore la tendresse et les vertus de vos chers parents étaient telles que c'était moins un devoir qu'une satisfaction et une jouissance toujours nouvelle pour vos cœurs. Jusqu'ici vous n'avez point eu à vous dévouer : vous aviez l'un et l'autre des obligations d'état à remplir, elles commandaient vos consciences, mais elles n'imposaient pas à vos cœurs cette sublime loi du dévoûment qu'il ne faut pas redouter, qu'il faut au contraire accepter avec bonheur, parce que le dévoûment c'est la loi, c'est le besoin de tous les grands cœurs et de toutes les belles âmes. Enfin, jusqu'ici vous avez vécu sans une grande responsabilité ; vos qualités comme vos défauts, vos joies comme vos peines, vos efforts et vos insuccès, vos espérances et vos désillusions n'ont guères affecté que vous ; et bien que vous ne soyiez plus des enfants, jusqu'ici cependant il vous a été permis de vivre de la vie insouciante de l'enfance, vous reposant sur Dieu et sur vos parents du soin de votre avenir. Désormais telle ne sera plus votre vie. L'amour et le respect filial restent pour vous un devoir sacré ; mais Dieu va créer en vous un amour plus fort, plus sacré, l'amour, le saint amour conjugal. Il ne nuira pas aux premières affections de vos cœurs ; il est d'un ordre distinct, comme l'autre il a pour fondement l'estime, le respect mutuel : deux époux qui ne s'estiment pas ne s'aiment pas véritablement, leur amour n'est plus celui des enfants de Dieu, ce n'est même plus l'amour de deux êtres raisonnables, c'est je ne sais quoi de grossier et d'animal que, par déférence pour cette assemblée, je m'abstiens de caractériser davantage. Par le mariage catholique, vous allez donc vous aimer d'un amour saint, pur, tendre, qui remplira vos cœurs. Voilà la première loi du mariage : l'amour, l'amour allant jusqu'au dévoûment, jusqu'au sacrifice.

Plus souvent qu'on ne pense, il faut se dévouer et se sacrifier dans la vie du mariage. Les occasions de faire des sacrifices éclatants sont rares ; mais outre ces dévoûments héroïques que tout le monde admire, il y a des dévoûments secrets, intimes, journaliers que personne ne connaît et qui, par leur continuité, exigent de notre part, je ne crains pas de le dire, un véritable héroïsme. Soit, vous n'aurez jamais peut-être l'occasion de sacrifier votre vie, votre santé, votre fortune, mais dans le mariage, et ne l'oubliez pas, il faut l'un et l'autre sacrifier vos goûts, immoler vos caprices, faire taire vos répugnances ; il faut participer à la tristesse de votre conjoint et cependant relever son courage, prendre votre part de ses joies et ne pas l'affliger de vos peines ; en un mot, il faut cesser de vivre de la vie qui nous est propre, de notre vie individuelle, personnelle, pour vivre de la vie de l'autre, et cela tous les jours et à tous les instants.

Ah ! je comprends maintenant que cette vie-là ait effrayé des âmes chez lesquelles l'égoïsme prédomine. Je comprends pourquoi, de nos jours, certains écrivains cherchent à ébranler le mariage dans le respect des peuples, je comprends pourquoi l'on voit tant de jeunes hommes vieillir, malgré les indications de la Providence, dans l'état solitaire du célibat ; c'est qu'ils manquent de cœur, ils ont peur de se dévouer, ils ne veulent vivre que pour eux, l'orgueil et un sensualisme grossier sont les seuls mobiles de leur vie. A part quelques exceptions, il n'y a pour nous tous que deux vocations : ou le célibat voué à Dieu et au prochain dans le sacerdoce et la vie religieuse, ou le mariage. Dieu n'a pas fait l'homme pour vivre seul, il l'a fait être social, il l'a fait pour aimer et pour se donner par amour.

Vous, mon cher Fils et ma chère Fille, vous êtes de ceux qui éprouvent le besoin de ne pas vivre seuls, et vous vous présentez en ce moment devant nous pour qu'au nom de Dieu nous vous ouvrions cette carrière du dévoûment dans la vie commune. Vous avez raison de ne pas être effrayés, car, indépendamment des grâces d'amour, de fidélité, d'abnégation, de force que le sacrement va vous donner, vous avez de part et d'autre de consolantes garanties que, si cette nouvelle vie exige de vous de mutuels sacrifices, ces sacrifices vous seront faciles et même agréables.

Vous, mon cher Fils, vous allez prendre pour compagne une de ces jeunes personnes que la religion s'honore d'avoir formées. Sa vie virginale et pure, la sincérité et l'élévation de ses principes religieux, la rectitude de son jugement, l'amabilité et le charme de son caractère, la variété de ses connaissances sont une démonstration de la supériorité incontestable de l'éducation telle qu'on la reçoit dans nos maisons religieuses, et une réponse à ces téméraires essais qu'on voudrait tenter aujourd'hui sous le faux prétexte que ni dans nos familles, ni dans nos maisons religieuses nos jeunes filles n'ont pas été suffisamment pourvues de tout ce qu'il leur faut pour remplir leur mission sociale. Votre mission, ma chère Fille, c'est d'être l'ange de la famille par votre aimable et solide piété, c'est d'être pour votre mari la compagne fidèle de son existence entière, pour vos enfants l'initiatrice éclairée de la science de la vie. Or, et vos chers parents et vos saintes maîtresses vous ont très-largement, très-abondamment pourvue et d'intelligence et d'amour, et de jugement et d'expérience même pour réussir dans cette tâche. Donc, ayez confiance, nous, nous avons plus que de la confiance, notre sécurité est entière, et nous ressentons pour notre cher Fils une vive joie de le voir uni à une femme telle que vous.

Et si vous le rendez heureux et nous avec lui, de son côté il vous rendra heureuse aussi, oui, très-heureuse. Il serait inconvenant que je misse trop en lumière ses qualités ; je me bornerai, pour votre propre encouragement, à constater ce que j'ai toujours vu. J'ai vu en lui et constamment un excellent fils, un fils très-aimant, un neveu respectueux et reconnaissant. J'ai vu en lui un jeune homme aimable, sensible à ce qui est beau et vrai, sympathique à tous, appelant l'affection par la franchise de ses relations. J'ai vu en lui un jeune homme sachant prendre la vie au sérieux, et qui, par son intelligence et son activité dans les affaires, a toujours répondu à la confiance de ses parents. Je ne lui connais que deux désirs, mais bien arrêtés : vous aimer de tout son cœur et continuer dans les affaires les traditions d'honneur et de travail que lui lèguent son père et sa mère.

Mon cher Fils, donnez à ces louables dispositions la sanction qu'une vie sincèrement religieuse apporte toujours avec elle, formez tous deux un ménage vraiment chrétien, et vous aurez la perfection du bonheur autant qu'on peut la posséder sur cette terre.

Déjà, chers Enfants, je vous ai bénis dans mon cœur ; depuis plusieurs mois, je ne suis jamais monté à l'autel sans solliciter pour vous les grâces du Seigneur. Eh ! bien, venez, venez, que je vous bénisse encore, que je joigne vos mains, que je vous sacre époux pour l'éternité. Venez, qu'au nom de Dieu j'appelle sur vous les grâces qui font les heureux époux et pour le temps et pour l'éternité.

ALF. DUQUESNAY

Curé de Saint-Laurent, à Paris.

A

Monsieur & Madame Emile Duquesnay.

—>—*—<—

I

Lorsqu'en ce jour pour le doux Hymenée
Sans peine, ami, tu désertes nos rangs,
Que l'amitié d'estime couronnée
T'offre à son tour ses vœux avec ses chants.
A te fêter chacun de nous s'empresse,
Ne peux-tu lire au fond de notre cœur ?
Gais compagnons d'enfance et de jeunesse,
Nous sommes tous heureux de ton bonheur.

II

Nous connaissons votre Emile, madame :

Bon camarade, il sera bon époux,

Tout son amour, les trésors de son âme,

Son rire franc désormais sont à vous.

On dit souvent : la vie est un voyage !

Vous qui partez quand le ciel est d'azur,

A l'horizon s'il se montre un nuage,

Voguez en paix car le pilote est sûr.

III

Sachez-le bien, si je le fais pilote,

C'est sans image et la Deûle en répond.

Des Canotiers il commandait la Flotte

Et la menait comme un marin profond.

Mais à présent le foyer le réclame,

C'en est donc fait ! notre amiral est mort.

Cargue la voile et dépose la rame,

Ami, ta barque est arrivée au port.

IV

Réserve-toi pour ces concerts d'artistes,

Où nous goutions Beethoven et Mozart,

Et ces fameux quatuor de flûtistes

Qui récréaient l'oreille et . . . le regard.

Puisque tous deux vous aimez la musique,

Vous garderez ces charmants plaisirs-là.

Flûte modèle et piano classique

A l'unisson conservez votre la.

V

De tous ici je me sens l'interprête

En vous disant : nos vœux suivront vos pas.

Jeunes époux, notre âme vous souhaite

Tous les bonheurs qu'on connaît ici-bas.

Et maintenant, comme dirait Horace,

Buvons, amis, buvons à leur amour,

Daigne le Ciel nous accorder la grâce

Dans cinquante ans de fêter ce beau jour.

A Fremont